Frühe mathematische Bildung und Naturwissenschaft

Impulskarte:

Die folgenden Aufgaben dienen der Lehrkraft als Impulse für den Einstieg in eine Unterrichtsstunde.

Zeit pro Impuls ca. 15 Minuten.

Aufgaben:

1. Benennen Sie Hüpfspiele, die die mathematische Frühbildung fördern.
2. Spielen Sie diese Hüpfspiele gemeinsam mit Ihren Mitschülern.
3. Benennen Sie Alltagsmaterialien, die in der mathematischen Frühbildung eingesetzt werden können.
4. Benennen Sie, wo den *Pfützenhüpfern* Mathematik im Gruppenraum begegnet.
5. Beschreiben Sie, wo Mathematik Kindern außerhalb der Kindertagesstätte begegnet.
6. Finden Sie Reime und Fingerspiele, die frühe mathematische Bildung beinhalten.
7. Beschreiben Sie, welche Kompetenzen ein Pädagoge mitbringen sollte, um ein guter „Mathebegleiter“ zu sein.
8. Diskutieren Sie über die Aussage: „Mit Kindern zu experimentieren ist viel zu gefährlich. Das gleiche Wissen kann ich ihnen genauso gut durch einen Film oder eine Beschreibung nahebringen.“
9. Recherchieren Sie nach Literatur mit mathematischen und naturwissenschaftlichen Angeboten für Kinder.
10. Pädagogische Mitarbeiter sollten immer auf einem aktuellen Stand zu wichtigen Themen und Inhalten sein. Erkundigen Sie sich über Fortbildungsangebote zum Thema „Frühe mathematische Bildung“ und „Naturwissenschaften“.

Frühe mathematische Bildung und Naturwissenschaft

Situation 1 – Zählen:

Justus hopst durch die Gruppe und singt laut: „1, 2, 3, 5, 7, 8 …"

„Nach 3 kommt 4, Justus!", erklärt Frederik. Justus hopst weiter: „1, 2, 3, 4, 5, 7 …" Da kommen Theo und Martha hinzu und hopsen mit. Auch sie sind sich noch unsicher beim Zählen.

Aufgaben:

1. Gehen Sie gedanklich den Alltag in der Kita-Gruppe durch. An welchen Stellen könnte man mit den Kindern quasi „nebenbei" das Zählen üben?
2. Informieren Sie sich über den Numeracy-Ansatz.
3. Entwerfen Sie „Zwischendurch-Angebote" zum Thema „Zählen" für die 3 Kinder in der Gruppe, die Sie in den Alltag integrieren können.

Benötigte Karten: Theo, Justus, Martha

Frühe mathematische Bildung und Naturwissenschaft

Situation 2 – Projektwoche:

„1, 2, 3, 4, 5, 6 weiter weiß ich nicht“, sagt Emma. „7, 8, 9, 10, 11, 12. Ist doch ganz einfach“, ergänzt Gülcan. Die Kinder sitzen mit Anastasia am Basteltisch und zählen.
„Ich will auch zählen. Meine Mama ist schon groß und kann ganz weit zählen“, bringt Niklas ein. Serma sitzt an der anderen Seite des Tisches und lauscht dem Gespräch. Sie sagt leise: „Ich auch zählen.“
Nachdem die Kinder von den Eltern abgeholt wurden, spricht Anastasia mit Theresa: „Die Kinder sind im Moment so begeistert von Zahlen. Wir wollten doch sowieso in ein paar Wochen eine Projektwoche durchführen. Vielleicht ist das schon das Thema! Frühe mathematische Bildung!“

Aufgaben:

1. Erläutern Sie die Bedeutung von Projektwochen für Kinder in Kindertagesstätten.
2. Bilden Sie Kleingruppen und planen Sie eine Projektwoche für folgende Gruppen (ca. 1–2 Stunden am Tag; die Projektgruppen können von der Personenzahl auch kleiner sein):
   a) die Vorschulkinder
   b) die 3- und 4-Jährigen
   c) Serma, Leyla und weitere Kinder
   Entscheiden Sie sich für ein geschlossenes oder offenes Projekt und begründen Sie die Auswahl.

Benötigte Karten: Serma, Leyla, alle übrigen Kinder

Frühe mathematische Bildung und Naturwissenschaft

Situation 3 – Würfelzahlen:

Sam würfelt eine 4 beim „Mensch ärgere Dich nicht". „Das ist eine 5, richtig Emilia?", fragt Sam hoffnungsvoll. „Sam das ist ja eine Katastrophe, das ist doch eine 4, weißt du das denn nicht?", antwortet Emilia. Sam schaut traurig zu Boden: „Oh, okay. Ich will nicht mehr spielen." Er steht auf und geht zu Simon und Frederik, die gerade mit Dinosauriern auf dem Bauteppich spielen.

Benedikt hat die Situation mitbekommen und geht zu Emilia: „Vielleicht, solltest du ihn nächstes Mal mehr aufbauen. Er kann die Würfelaugen einfach noch nicht lesen und benennen." Emilia wird nachdenklich.

Aufgaben:

1. Diskutieren Sie über Emilias Antwort auf Sams Frage.
2. Formulieren Sie eine Alternativantwort aufgrund von Benedikts Anregungen.
3. Diskutieren Sie mit Ihrem Sitznachbarn darüber, welche Erfahrungen Sie mit dem Thema „Mathematik" gemacht haben. Beantworten Sie folgende Frage: Wie haben diese Situationen Ihr Lernverhalten und Ihre Sicht zur Mathematik beeinflusst?
4. Emilia ist nach dem Gespräch mit Benedikt nachdenklich geworden und hat sich überlegt, dass sie Sam helfen möchte. Entwerfen Sie eine Reihe von 4 Angeboten, in denen Sie Sam beim Lernen der Würfelzahlen von 1–6 unterstützen möchten. Beziehen Sie seine Interessen in die Angebote mit ein.

Benötigte Karten: Sam

Frühe mathematische Bildung und Naturwissenschaft

Situation 4 – Zahlen und Mengen:

Sam kommt morgens noch etwas verhalten in die Gruppe. Simon rennt auf ihn zu: „Ich habe ein spitzenmäßiges Spiel, *Zahlendinos*, im Regal gefunden. Komm, das spielen wir jetzt zusammen." Simon nimmt Sam an die Hand und zieht ihn zu einem Spieltisch, wo er das Spiel schon bereitgelegt hat. Die beiden spielen eine geschlagene Stunde und haben sich zwischendurch neue Spielvarianten dazu ausgedacht. Dann laufen die beiden zu Theresa: „Tolles Spiel! Du Theresa, haben wir noch ähnliche Spiele? Das hat total Spaß gemacht!", fragen Simon und Sam ganz erwartungsvoll.

Aufgaben:

1. Recherchieren Sie, nach dem Spiel „Zahlendinos" und machen Sie sich mit dessen Inhalt vertraut.
2. Diskutieren Sie über die Ziele des Spiels.
3. Suchen Sie weitere Spiele mit derselben Spielidee von „Zahlendinos" heraus.
4. Entwerfen Sie ein eigenes Spiel basierend auf den Interessen von Simon und Sam zum Thema „Zahlen und Mengen".

Benötigte Karten: Simon, Sam

Frühe mathematische Bildung und Naturwissenschaft

Situation 5 – Mathematik und Bewegung:

„Ich kann das Spiel nicht. Das dauert mir zu lange. Jetzt muss ich Rot legen, oder?“, fragt Simon frustriert Anastasia. „Fast. Guck nochmal genau hin“, antwortet diese. Simon beginnt zu weinen: „Nee, nicht schon wieder falsch.“

Anastasia will dem Jungen ein Erfolgserlebnis ermöglichen. Die bisherigen Spiele haben oft nicht funktioniert und Simon zu keiner Erkenntnis gebracht. Sie will sich etwas Neues überlegen. Eigentlich schafft er es, die Farben und Formen zu unterscheiden. Da hat sie die Idee, ein Spiel zum Thema „Farben und Formen“ in der Sporthalle durchzuführen.

Aufgaben:

1. Erläutern Sie, weshalb Bewegung für Kinder in Lernprozessen vorteilhaft sein kann.
2. Stellen Sie dar, wieso sich solch ein Angebot besonders gut für Simon eignet.
3. Entwerfen Sie ein Angebot zum Thema „Farben und Formen“ für Simon. Beachten Sie seine Interessen und sein Alter. Führen Sie das Angebot eventuell mit weiteren Kindern durch? Begründen Sie Ihre Auswahl.

Benötigte Karten: Simon

Frühe mathematische Bildung und Naturwissenschaft

Situation 6 – Kapla-Steine:

„Wir sollten eine große Box mit Kapla-Steinen anschaffen", wirft Theresa in die Runde.
„Was für Steine?", fragt Emilia.

Aufgaben:

1. Informieren Sie sich in einer Kleingruppe über die Nutzung und den Sinn von „Kapla-Steinen".
2. Besorgen Sie eine große Kiste mit Kapla-Steinen und spielen Sie mit Ihrer Lerngruppe.
3. Diskutieren Sie in Kleingruppen darüber, inwieweit sich die Nutzung von Kapla-Steinen aus pädagogischer Sicht für die Kinder aus den einzelnen Altersgruppen anbieten würden. Für
   a) die 3-Jährigen,
   b) die 4-Jährigen,
   c) die 5-Jährigen,
   d) die 6-Jährigen.

   Tauschen Sie Ihre Ergebnisse im Plenum aus.
4. Überlegen Sie in Kleingruppen, wie die Steine differenziert in der frühen mathematischen Bildung eingesetzt werden könnten.
5. Formulieren Sie in einer Kleingruppe ein Ziel für Ihre Altersgruppe.
6. Planen Sie ein passendes Angebot für Ihre Altersgruppe.

Benötigte Karten: alle Kinder

Frühe mathematische Bildung und Naturwissenschaft

Situation 7 – Umgang mit Begabungen:

„Die Eltern von Gülcan haben mich heute angesprochen. Sie wollen, dass wir das Mädchen im Bereich der Mathematik fördern, da sie so viel Spaß daran hat und sehr begabt ist", wirft Benedikt in die Teamrunde.

„Ich glaube, dass da etwas anderes hintersteckt. Das sollten wir uns gut überlegen", antwortet Anastasia skeptisch.

„Kevin fragte mich heute auch, ob wir mehr mit Zahlen machen könnten", bringt Theresa noch ein.

Aufgaben:

1. Definieren Sie den Begriff „Begabung".
2. Überlegen Sie, ob Sie selbst in einem Bereich etwas besonders gut können. Nennen und begründen Sie Ihre Auswahl. Tauschen Sie sich hierzu in einer Kleingruppe aus.
3. Bewerten Sie Anastasias Aussage in Bezug auf den Wunsch von Gülcans Eltern. Diskutieren Sie darüber in einer Kleingruppe.
4. Erstellen Sie ein Angebot für Kevin, um dessen Interesse aufzugreifen und überlegen Sie, ob Sie Gülcan dazunehmen würden.

Benötigte Karten: Gülcan, Kevin

Frühe mathematische Bildung und Naturwissenschaft

Situation 8 – Begleitung von mathematischem Interesse:

Sie beobachten Natalie seit mehreren Tagen, wie sie mit den Bügelperlen spielt. Sie sortiert diese nach Farben und legt einzelne Haufen zusammen. Danach kommt sie auf Emilia zu: „Kann ich mehrere Schüsseln haben? Dann kann ich morgen weiterspielen und muss nicht alles noch mal machen", meint sie. Natalie bekommt von Emilia die Schüsseln und ordnet die Perlen nach Farben.
Am nächsten Tag holt sie sich nach dem Morgenkreis ihre Schüsseln. Emilia beobachtet, wie das Mädchen an diesem Tag verschiedene Muster mit den Perlen auf den Tisch legt. Auch am folgenden Tag steuert Natalie die Bügelperlen erneut an. Sie entwirft verschiedene Bilder mit den Perlen in der Bastelecke. Hierbei ist sie hochkonzentriert. Stolz zeigt sie Emilia ihr Werk.

Aufgaben:
1. Beschreiben Sie, welchem/n Bereich/en der mathematischen Frühbildung Natalie hier nachgeht.
2. Beschreiben Sie, welche Grunderfahrungen Natalie durch ihr selbstgewähltes Spiel machen kann.
3. Beschreiben Sie, wie Sie innerhalb dieser neuen Situation einen sprachlichen Austausch in der frühen mathematischen Bildung anregen können.
4. Emilia möchte Natalie weiter in ihrem Spiel unterstützen und überlegt sich verschiedene interessenbasierte Impulse, die sie ihr am nächsten Tag unterbreiten kann. Entwerfen Sie diese in einer Kleingruppe.
5. Diskutieren Sie, ob Sie ein weiteres Kind in das Spiel einbeziehen würden.

Benötigte Karten: Natalie, weitere selbstgewählte Kinder

Frühe mathematische Bildung und Naturwissenschaft

Situation 9 – Zeit:

„Es dauert immer so lange, bis Mama mich wieder abholt“, schnieft Merle traurig am Morgen, nachdem ihre Mutter gegangen ist. Im Laufe des Vormittages kommt sie immer wieder zu Emilia und fragt nach: „Wann kommt Mama wieder?“

„Um 13 Uhr“, antwortet diese, oder: „Es dauert nicht mehr so lange. Bald!“

Jedes Mal guckt Merle ganz traurig oder fragt: „Wann ist 13 Uhr?“ bzw. „Wann ist bald?“

Aufgaben:

1. Diskutieren Sie darüber, was Rituale und Strukturen im Tagesablauf für Kinder bedeuten und was sie mit der frühen mathematischen Bildung zu tun haben.
2. Stellen Sie Hypothesen auf, wieso es für Merle so wichtig ist zu wissen, wann ihre Mutter sie abholt.
3. Entwerfen Sie alternative Antwortmöglichkeiten anstelle derer von Emilia, damit Merle besser einschätzen kann, wann ihre Mutter sie abholt.
4. Entwerfen Sie eine entsprechende Methode oder Visualisierung, um Merle ein langfristiges Verständnis für den zeitlichen Ablauf des Tages bis zur Rückkehr ihrer Mutter zu ermöglichen.

Benötigte Karten: Merle

Frühe mathematische Bildung und Naturwissenschaft

Situation 10 – Mathe-Ecke:

Nach dem freien Experimentieren der Vorschulgruppe mit Materialien aus dem Bereich der frühen mathematischen Bildung meint Gülcan: „Schade, dass wir so was nur einmal die Woche machen. Ich fänd's toll, wenn das öfter wäre." „Ja das wäre cool!", stimmt Kevin zu.
Anastasia möchte das Interesse von Gülcan und Kevin aufgreifen und eine „Mathe-Ecke" mit Alltagsmaterialien im Gruppenraum der *Pfützenhüpfer* einrichten.

Aufgaben:

1. Überlegen Sie, wo Sie im Gruppenraum eine Mathe-Ecke einrichten könnten.
2. Diskutieren Sie, ob diese Mathe-Ecke nur von den Vorschulkindern genutzt werden soll. Erstellen Sie hierfür eine Pro- und Kontraliste.
3. Stellen Sie dar, welche Alltagsmaterialen Sie in dieser Ecke platzieren würden. Bitte beachten Sie die entsprechende Altersstruktur.
4. Überlegen Sie, wie eine Spielecke im Nebenraum einer 1. Klasse in der Grundschule zum Thema „Mathematik" aussehen könnte.
5. Überlegen Sie wie eine Mathe-Ecke in einer Krippengruppe aussehen könnte.
6. Diskutieren Sie darüber, wie Sie die Neugierde von Kindern zum Thema „Frühe mathematische Bildung" wecken können.

Benötigte Karten: Grundriss des Gruppenraums, Übersichtskarten der Kinder

Frühe mathematische Bildung und Naturwissenschaft

Situation 11 – Gegensatzpaare:

Gegensatzpaare wie hoch – tief, klein – groß, dünn – dick, breit – schmal, leicht – schwer, dunkel – hell, kalt – heiß etc. sind spannend zu erforschen. Hierfür eignet sich sowohl die Mathematik, als auch die Naturwissenschaft.

Aufgaben:

1. Suchen Sie sich mit Ihrem Sitznachbarn ein Gegensatzpaar aus.
2. Entwerfen Sie ein Angebot zu einem Gegensatzpaar aus dem Bereich der Mathematik oder Naturwissenschaft.
3. Teilen Sie die Klasse in 8 Gruppen auf. Jeweils 2 Gruppen stimmen ihr Angebot auf folgende Kinder ab:
   a) Serma
   b) Merle
   c) Simon
   d) Gülcan

   Bestimmen Sie für jedes Kind 2 Ziele.
4. Vergleichen Sie in der Parallelgruppe (z. B. Merle – Merle) die Ergebnisse.

Benötigte Karten: Serma, Merle, Simon, Gülcan

Frühe mathematische Bildung und Naturwissenschaft

Situation 12 – Muster und Strukturen:

Isa sitzt am Tisch, vor sich eine Kiste mit kleinen Perlen, die sie auf einer Schnur auffädelt. Sie weiß ganz genau, welches Muster sie verfolgt. „Jetzt wieder eine Rote", singt sie vor sich hin. „Jetzt wieder eine Grüne." Martha kommt hinzu. Sie nimmt sich eine Schnur, sieht auf Isas Kette, greift nach einer Perle und fädelt diese auf. Schließlich wird Marthas Versuch deutlich, ihre eigene Kette wie die von Isa zu gestalten. Doch es gelingt ihr nicht, sie kann das Muster nicht bewältigen. Theresa hat die Situation beobachtet und setzt sich neben Martha. „Die Kette von Isa ist schön, nicht wahr?" Martha nickt. „Wollen wir zusammen versuchen, sie nachzumachen?" Martha nickt wieder. Mit Theresas Hilfe schafft sie es. Auch Isa hat beim Suchen der passenden Perlen geholfen, nachdem ihre eigene Kette fertig war. Martha legt stolz ihre Kette neben die von Isa. Beide sind gleich.

Aufgaben:

1. Benennen Sie den Zusammenhang zwischen Erkennen von Mustern/Strukturen und dem Erlernen von mathematischen Fähigkeiten.
2. Recherchieren Sie nach weiteren Materialien zum Thema „Muster und Strukturen".
3. Bilden Sie eine Kleingruppe und einigen Sie sich auf ein Material, mit dem Muster hergestellt werden können. Experimentieren Sie in der Gruppe und stellen Sie Ihre Ergebnisse im Plenum vor.
4. Theresa möchte beiden Kindern weitere Angebote zum Thema „Muster und Strukturen" unterbreiten. Planen Sie je ein Angebot für Martha und Isa und benennen Sie Ziele, die speziell auf die beiden Kinder abgestimmt sind.

Benötigte Karten: Martha, Isa

Frühe mathematische Bildung und Naturwissenschaft

Situation 13 – Raum und Form:

Geometrie ist überall! Auf dem Boden des Nebenraums liegt ein großes Rechteck, ein Quadrat, ein Kreis und ein Dreieck. Fünf Kinder sitzen im Kreis und sind gespannt, was nun passiert. Einige können die geometrischen Figuren schon benennen. Anastasia führt in das Angebot ein und bittet die Kinder, sich auf die Suche nach geometrischen Figuren in der Gruppe zu begeben. Sie ist erstaunt darüber, was die Kinder alles finden.

Aufgaben:

1. Diskutieren Sie über folgende Aussage: „Wer die Geometrie begreift, vermag in dieser Welt alles zu verstehen." (Galileo Galilei)
2. Sehen Sie sich im Klassenraum um und benennen Sie die geometrischen Formen, die Ihnen ins Auge fallen.
3. Entwerfen Sie eine Motivationsphase für das oben beschriebene Angebot in Einzelarbeit. Sammeln Sie Ihre Ideen im Plenum.
4. Die Ergebnisse der Kinder aus dem Angebot oben sollen festgehalten werden, sodass die Kinder sich immer wieder über die geometrischen Figuren unterhalten und diese ggf. ergänzen können. Entwerfen Sie Ideen hierzu.
5. Entwerfen Sie weitere Angebote aus dem Bereich „Raum und Form" und stimmen Sie diese auf
   a) Emma,
   b) Jake ab.

Benötigte Karten: Jake, Emma

Frühe mathematische Bildung und Naturwissenschaft

Situation 14 – Experimentier-Ecke:

Ergänzend zu einem Wasserexperimentiertisch haben die Betreuer der *Pfützenhüpfer* die Idee eine kleine Experimentier-Ecke in der Kindertagesstätte als Ergänzung einzurichten.

Emilia freut sich: „Dann lassen wir es krachen!"

Aufgaben:

1. Inwieweit ist Experimentieren mit Kindern „krachen"? Nehmen Sie Stellung zu Emilias Aussage.
2. Benennen Sie, wo auf dem Gruppenplan für die Experimentier-Ecke eine geeignete Möglichkeit wäre.
3. Benennen Sie die Materialien, mit denen Sie die Experimentier-Ecke ausstatten würden.
4. Planen Sie eine Einführungsphase der Experimentier-Ecke für die Gruppe. Bedenken Sie hierbei die Altersgruppen.
5. Stellen Sie Regeln für die Experimentier-Ecke auf. Erstellen Sie hierzu eine Visualisierung, durch die die Kinder sich die Regeln eigenständig ins Gedächtnis rufen können.

Benötigte Karten: Grundriss des Gruppenraums

Frühe mathematische Bildung und Naturwissenschaft

Situation 15 – Schnee:

Es schneit draußen dicke weiße Schneeflocken. Aufgeregt kommt Anja morgens in die Gruppe gelaufen: „Emilia, Emilia es schneit. Guck mal, ich hab ganz weiße Haare!“ Emilia grinst: „Stimmt.“

„Am besten sollte es das ganze Jahr über schneien. Dann könnte ich immer solche schönen Schneehaare haben. Emilia, wieso schneit es eigentlich nur im Winter? Und wie entsteht der Schnee?“, fragt Anja. Sie schaut in den Spiegel: „Oh, jetzt sind meine Haare wieder normal und nass.“

Aufgaben:

1. Formulieren Sie schriftlich in Einzelarbeit eine kindgerechte Antwort auf Anjas Fragestellung.
2. Entwerfen Sie für Anja innerhalb einer Kleingruppe ein Angebot, um ihre Fragen zu beantworten. Begründen Sie Ihre Gruppenzusammenstellung.
3. Entwerfen Sie ein Angebot für die Gesamtgruppe der *Pfützenhüpfer* im Mittagskreis.

Benötigte Karten: Anja, weitere selbstgewählte Kinder

Frühe mathematische Bildung und Naturwissenschaft

Situation 16 – Vulkanausbruch:

In Indonesien kam es zu einem großen Vulkanausbruch. Fabian und Niklas haben dies in der letzten Woche in den „Logo-Nachrichten" verfolgt. Sie haben den Betreuern viele Fragen zu diesem Thema gestellt. Schließlich sucht Anastasia ein Buch zum Thema heraus. Mit diesem beschäftigen sich die beiden nun jeden Tag.
„Echt krass mit so einem Vulkanausbruch", sagt Fabian zu Niklas. „Ich würde gerne mal einen echten sehen." „Ja, das wäre mega!", ruft Niklas. Emilia überlegt sich dem Bedürfnis der Kinder nachzukommen und ein Experiment durchzuführen.

Aufgaben:

1. Informieren Sie sich, welche unterschiedlichen Methoden es gibt, einen Vulkanausbruch im Kindergarten nachzustellen. Entscheiden Sie sich in Kleingruppen für eine Methode.
2. Es können zusätzlich 2 weitere Kinder an dem Angebot teilnehmen. Bilden Sie eine sinnstiftende Gruppe.
3. Formulieren Sie ein Ziel für jedes teilnehmende Kind.
4. Benennen Sie die Vorbereitungen für dieses Experiment.
5. Begründen Sie Ihre Raumauswahl für das Experiment.
6. Benennen Sie die Regeln, die Sie während der Durchführung des Experimentes befolgen sollten.
7. Benennen Sie die Regeln, die die Kinder während der Durchführung beachten sollten.
8. Führen Sie das Angebot mit Ihren Mitschülern und in Ihrer Praxisstelle mit Kindern durch.

Benötigte Karten: Niklas, Fabian, weitere selbstgewählte Kinder, evtl. Grundriss des Gruppenraums

Frühe mathematische Bildung und Naturwissenschaft

Situation 17 – Luft:

Es ist heiß. Benedikt fächelt mit einem Stück Pappe hin und her. „Schwere Luft heute", stöhnt er.
„Aber Luft ist doch gar nicht schwer", sagt Patrik verwundert.
„Ich meine damit, dass es stickig ist und ich nicht so gut Luft bekomme", erklärt Benedikt lächelnd.
„Wiegt Luft eigentlich was?", fragt sich Patrik und fächelt mit der Hand.
„Spannende Frage", bemerkt Benedikt und findet so schnell keine Antwort.

Aufgaben:

1. Recherchieren Sie Patriks Frage: Wiegt Luft etwas?
2. Entwerfen Sie ein Angebot in Einzelarbeit, das auf Patriks Frage und auf seine Fähigkeiten/Interessen abgestimmt ist. Formulieren Sie ein Ziel für Patrik.
3. Stellen Sie sich Ihre Angebote in einer Kleingruppe vor und einigen Sie sich auf eins, das Sie zusammen vor der Klasse durchführen.
4. Sammeln Sie Ihre Ideen in einem „Experimenteordner" zum Thema „Luft", sodass Sie in der Praxis darauf zurückgreifen können.

Benötigte Karten: Patrik

Frühe mathematische Bildung und Naturwissenschaft

Situation 18 – Seifenblasen:

Frederiks Vater hat durch seine Jahrmarktstätigkeit von einem Bekannten eine große Seifenblasenmaschine bekommen. Die Kinder der *Pfützenhüpfer* sind begeistert. „Echt klasse von deinem Papa, dass du die mal mitbringen kannst", ruft Emma ganz begeistert. „Dürfen wir die gleich ausprobieren?" „Au ja", stimmt Frederik zu. „Lasst uns damit nach draußen gehen", sagt Theresa.
Dann geht es los: Die Kinder greifen begeistert nach den Seifenblasen und springen hinter ihnen her und versuchen sie zu fangen. „Wieso kann ich die nicht fangen?", fragt Emma Theresa. „So schnell hab ich keine Antwort, Emma", erwidert Theresa. „Das muss ich selbst mal erforschen." Dann kommt etwas Wind auf und die Seifenblasen werden weggepustet. Emma lacht: „Zauberei. Wieso kann der Wind das? Mich kann er ja auch nicht wegpusten. Obwohl, da oben zu fliegen wär' schon toll. Oder doch nicht. Ich will ja nicht platzen."

Aufgaben:

1. Finden Sie Antworten auf Emmas Fragen. Halten Sie Ihre Ergebnisse in kindgerechter Sprache schriftlich fest.
2. Greifen Sie das Interesse von Frederik und Emma auf. Entwerfen Sie in einer Kleingruppe das Angebot „Seifenblasen". Die Kleingruppe soll den Bedürfnissen von Frederik und Emma entsprechen. Begründen Sie Ihre Wahl.
3. Führen Sie das Angebot mit Ihren Mitschülern durch.
4. Erstellen Sie eine passende Reflexionsmethode für die Kindergruppe. Führen Sie diese mit der Klasse durch.

Benötigte Karten: Frederik, Emma, weitere selbstgewählte Kinder

Frühe mathematische Bildung und Naturwissenschaft

Situation 19 – Kerzen:

Die *Pfützenhüpfer* haben Jakes Geburtstag gefeiert. Die Kerzen stehen noch auf dem Tisch und Benedikt ist dabei, sie zur Seite zu räumen. „Mach die Kerzen noch mal an! Ich möchte auspusten“, bettelt Yvonne. „Kinder dürfen nicht mit Feuer spielen“, belehrt Gülcan. „Wir können ja einen Eimer Wasser holen“, überlegt Yvonne. „Ich hab schon mal gesehen, dass Kerzen auch unter Wasser brennen“, erzählt Gülcan. „So ein Quatsch. Das geht ja gar nicht.“ Yvonne schüttelt den Kopf. Theo steht dabei und hört interessiert zu. Er spielt mit dem Docht einer Kerze und tut so, als würde er sie auspusten.

Aufgaben:

1. Recherchieren Sie zum Experiment „Kerze brennt unter Wasser“ und zu weiteren Kerzenexperimenten.
2. Benedikt hat das Interesse der Kinder mitbekommen und möchte ein altersgemischtes Angebot zum Thema „Experimente mit Kerzen“ durchführen. Theo soll auch dabei sein. Benennen Sie
   a) die Herausforderung des altersgemischten Angebots, wenn Theo, Gülcan und Yvonne dabei sein sollen.
   b) jeweils unterschiedliche Ziele für jedes der Kinder.
   c) die Vorteile des altersgemischten Angebots in diesem Bereich.
3. Planen Sie das Angebot mit den 3 Kindern und stellen Sie heraus, an welchen Stellen Sie Ihre Ziele für die 3 Kinder erreichen möchten.
4. Recherchieren Sie, wie man Kerzen zieht und stellen Sie selbst welche her.

Benötigte Karten: Theo, Yvonne, Gülcan

Frühe mathematische Bildung und Naturwissenschaft

Situation 20 – Erde:

„Ein Regenwurm isst Erde? Ihhhh, eklig", ruft Frederik schockiert.

„Schmeckt Erde denn? Woraus ist Erde? Essen Blumen auch Erde? Ist Sand auch Erde?", fragt Natalie Anastasia, die im Garten einen Regenwurm zurück auf die Erde legt, den Frederik gefunden hat.

Aufgaben:

1. Besorgen Sie mehrere Lupen. Teilen Sie die Klasse in Gruppen auf. Jede Gruppe holt eine Hand voll Erde von draußen und hat 10 Minuten Zeit, die Erde mit der Lupe zu begutachten.
2. Halten Sie in der Kleingruppe mit einer kindgerechten Methode visuell fest, was Sie in der Erde gefunden haben. Tauschen Sie sich anschließend im Plenum zu den Ergebnissen aus.
3. Sammeln Sie im Plenum Ideen, wie Sie mit den Kindern thematisch zu dem Element „Erde" arbeiten könnten.
4. Entwerfen Sie eine Reihe von 3 Angeboten, bei denen mindestens eines ein Experiment sein sollte. Frederik und/oder Natalie soll/en mit einer Kleingruppe an dem Angebot teilnehmen.
5. Formulieren Sie zu jedem Angebot ein Ziel für die Gruppe.
6. Führen Sie die unterschiedlichen Experimente mit der gesamten Klasse durch.

Benötigte Karten: Frederik, Natalie

Frühe mathematische Bildung und Naturwissenschaft

Situation 21 – Wasser:

Benedikt sitzt auf einer Bank im Außengelände neben Emilia und sie beobachten gemeinsam das Spiel von Simon, Frederik und Niklas. Emilia sagt: „Die Kinder spielen draußen gerade so viel mit Wasser. Es macht mir total viel Spaß dabei zuzuschauen."

„Besonders gerne sind die drei an dem Wasserbrett beim Sandkasten und matschen dort herum", ergänzt er.

Aufgaben:

1. Erläutern Sie, in welchen Situationen Kinder mit dem Element Wasser in Berührung kommen.
2. Entwerfen Sie ein Experiment in einer Kleingruppe, zum Thema „Wasser" für die 3 Kinder.
3. Formulieren Sie jeweils ein Ziel für jedes Kind.
4. Beschreiben Sie, warum Experimente für Kinder verständlich erläutert werden sollten.
5. Formulieren Sie in Kleingruppen den naturwissenschaftlichen Hintergrund für Ihr Experiment in kindgerechter Sprache als Audiodatei. Spielen Sie die Datei im Plenum vor und diskutieren Sie über die Ergebnisse.

Benötigte Karten: Simon, Frederik, Niklas

Frühe mathematische Bildung und Naturwissenschaft

Situation 22 – Mathematik im Wald:

Es sind Schulferien. Benedikt plant einen Waldausflug mit den verbliebenden älteren Kindern Kevin, Isa, Gülcan, Tom, Emma, Jake und Sam. Er möchte das Thema „Mathematik“ erfahrbarer für die Kinder machen. Benedikt möchte eine Kollegin mitnehmen und ca. 3 Stunden unterwegs sein.

Aufgaben:

1. Machen Sie mit Ihrer Klasse einen Waldspaziergang. Teilen Sie sich in 2er-Gruppen auf und machen Sie sich Notizen zu Ideen in Bezug auf die frühe mathematische Bildung.
2. Sammeln Sie alle Ideen auf einer Mindmap im Plenum.
3. Teilen Sie sich in Kleingruppen auf und gestalten Sie den Waldausflug zu den 5 Grundbereichen der Mathematik:
   a) Mengen, Ziffern und Zahlen
   b) Raum und Form
   c) Muster und Reihenfolgen
   d) Sortieren und Klassifizieren
   e) Zeit

   Formulieren Sie jeweils ein Ziel für Jake und Isa.
4. Diskutieren Sie darüber, welche Kollegin Benedikt begleiten sollte.

Benötigte Karten: Jake, Isa, Mitarbeiterinnen der *Pfützenhüpfer*

Inhaltsverzeichnis Frühe mathematische Bildung und Naturwissenschaft

47727

ISBN 978-3-582-84779-9 Best.-Nr. 47727 Böckmann • Grüner • Kalkhoff

9 783582 847799

Verlag Handwerk und Technik GmbH,
Lademannbogen 135, 22339 Hamburg; Postfach 63 05 00, 22331 Hamburg – 2021
E-Mail: info@handwerk-technik.de – Internet: www.handwerk-technik.de

Satz und Layout: Roman Bold & Black, 50672 Köln
Umschlagmotiv/Illustrationen: Yvonne Grüner, Vechta
Druck: Elbe Druckerei Wittenberg GmbH, 06896 Lutherstadt Wittenberg

Alle Materialien der *Pfützenhüpfer* im Überblick:

Grundkartenset
Bestell-Nr. 4772

Zusatzkartensets

Zusatzkartensets zu folgenden Themen:

- Set 1 „Sprachentwicklung/Sprachförderung“ (Bestell-Nr. 47721)
- Set 2 „Bewegungsentwicklung/Bewegungsförderung“ (Bestell-Nr. 47722)
- Set 3 „Teamarbeit“ (Bestell-Nr. 47723)
- Set 4 „Erziehungs- und Bildungspartnerschaft“ (Bestell-Nr. 47724)
- Set 5 „Religion und Ethik“ (Bestell-Nr. 47725)
- Set 6 „Sozial-emotionale Entwicklung“ (Bestell-Nr. 47726)
- Set 7 „Frühe mathematische Bildung und Naturwissenschaft“ (Bestell-Nr. 47727)